AF356839

CATALOGUE

DE

MEUBLES ANCIENS & DE STYLE

Chambre à coucher marqueterie, Buffets, Dressoir
Crédences, Bureaux, Paravents, Ecrans
Tables, Secrétaire, Poudreuse, Chiffonnier Louis XVI
Salon Tapisserie d'Aubusson, Sièges divers

Importante Garniture de cheminée bronze doré

Bronzes, Terres cuites, Chenets, Glaces, Trumeaux

TABLEAUX, PASTELS, DESSINS, GRAVURES

Faiences, Miniatures, Objets de vitrine

Tentures, Tapis

DONT LA VENTE AUX ENCHÈRES PUBLIQUES AURA LIEU

HOTEL DROUOT — SALLE N° 6

Le Vendredi 24 avril 1914

À DEUX HEURES

Mᵉ HENRY BRICOUT, Commissaire-Priseur

8, Rue Sainte-Cécile, 8

EXPOSITION PUBLIQUE :

Le Jeudi 23 Avril 1914, de deux heures à six heures

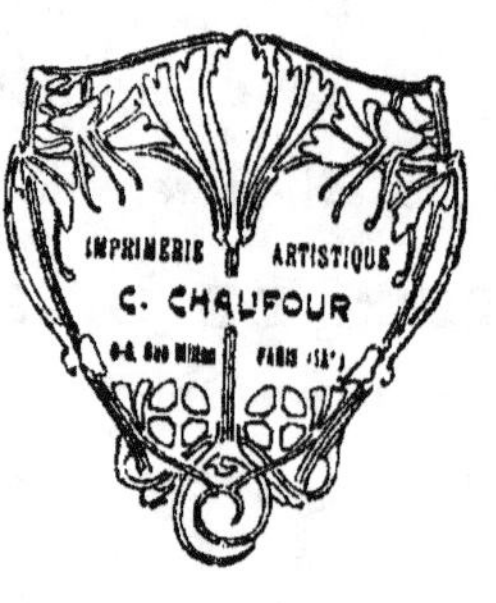

IMPRIMERIE   ARTISTIQUE
C. CHAUFOUR

CONDITIONS DE LA VENTE

~~~~~~~~~~~~~~~~~~

La vente sera faite expressément au comptant.

Les acquéreurs paieront *dix pour cent* en sus des enchères.
~~~~~~~~~~~~~~~~~~

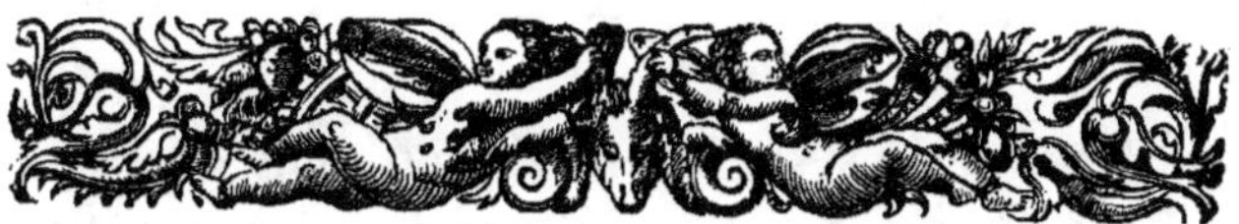

DÉSIGNATION

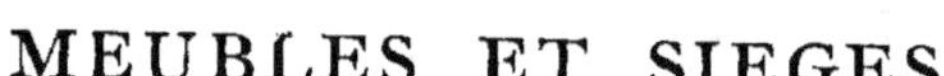

MEUBLES ET SIEGES

1 — Chambre à coucher marqueterie de bois de couleur, ornée de bronzes finement ciselés et comprenant un lit de milieu, une armoire s'ouvrant à deux portes à glaces biseautées, une table verre d'eau. Style Louis XVI.

2 — Dressoir noyer ciré formé de cinq panneaux sculptés ouvrant à deux portes. Style Renaissance.

3 — Petits meubles bretons bois mouluré, à pans coupés et formant crédences.

4 — Petit meuble de style Renaissance noyer ciré à colonnettes détachées et cannelées avec porte au centre, panneau sculpté.

5 — Bureau de style Louis XV en bois de rose et satiné ornementé de six casiers avec porte ouvrant au centre, poignées et chutes bronze rocaille.

6 — Bonheur-du-jour en bois de violette et satiné muni d'un tiroir formant bureau et garni de tiroirs intérieurs, bronzes ciselés et dorés. Style Louis XV.

7 — Commode-bureau acajou verni forme demi-lune, marbre bleu turquin.

8 — Bibliothèque acajou ciré à portes grillagées style Louis XVI.

Haut. : 2m10 ; Larg. : 1m70.

9 — Grand buffet noyer ciré et sculpté à panneaux pleins, style Renaissance. Dressoir même style.

Sera divisé.

10 — Chiffonnier bois de rose dessus marbre. Epoque Louis XVI.

11 — Secrétaire bois de rose avec montants cannelés, dessus marbre. Epoque Louis XVI.

12 — Secrétaire bois de rose et satiné, dessus de marbre. Epoque Louis XVI.

13 — Poudreuse marqueterie de bois de couleur. Epoque Louis XVI.

14 — Ecran bois laqué recouvert d'ancienne tapisserie au point. Epoque Louis XVI.

15 — Trumeau époque Louis XV et garni de cuir à l'intérieur.

16 — Ecran avec partie mobile à glissière, bois sculpté et doré. Style Louis XV.

17 — Console acajou, dessus de marbre noir. Style restauration.

18 — Paravent quatre feuilles bois naturel sculpté le bas garni de soierie ancienne, le haut de glace sans tain. Style Louis XV.

19 — Paravent à quatre feuilles bois laqué blanc le bas à petits panneaux de glace, le haut à panneaux peints.

20 — Petite table-bureau époque Louis XVI à deux tiroirs mrrqueterie, recouverte de cuir.

21 — Petit secrétaire style Louis XVI avec sou-
bassement intérieur à trois tiroirs.

22 — Deux encoignures marqueterie et bronzes à
dessus marbre rouge.

23 — Table de nuit style Louis XV marqueterie
bois de rose et de violette.

24 — Trumeau laqué or fin, cadre bois sculpté
style Louis XV.

25 — Glace ancienne à fronton doré et sculpté.

26 — Lustre cristaux de Venise à fleurettes coloriées.

27 — Porte-parapluies bois laqué avec console et
glace, à décors de guirlandes de roses et can-
nage sur les côtés.

28 — Table de milieu bois finement sculpté.
Style Renaissance.

29 — Paravent à quatre feuilles recouvert sur une
face de damas vert avec clous dorés mat, sur
l'autre face de satin de Gênes.

3o — Ameublement de salon style Empire en acajou sculpté et or recouvert soierie fond rouge. Cinq pièces.

31 — Console bois sculpté et doré style Louis XVI avec marbre.

32 — Chaise-longue en deux parties, noyer ciré sculpté, style Louis XV, composéé d'une grande bergère et pouff recouverts soierie coloriée.

33 — Petit canapé en bois patiné style Louis XVI garni en toile de Jouy.

34 — Bergère bois laqué garnie toile blanche et bleue.

35 — Grande table-bureau double face avec tirettes sur les côtés, noyer ciré et bronzes.

36 — Meuble de salon style Louis XVI bois doré recouvert tapisserie à personnages et animaux. Cinq pièces.

37 — Table vitrine acajou filets cuivre.

38 — Table à jeu acajou et bronzes.

39 — Petit guéridon à deux tiroirs marqueterie de bois.

40 — Table-bouillotte acajou galerie cuivre.

41 — Divan art nouveau bois laqué vert recouvert étoffe à ramages avec coussins.

42 — Guéridon style Empire en acajou, dessus pliant.

43 — Table hexagonale acajou, avec au centre étoile en bois de placage.

44 — Table-bureau style Régence bois de rose et bronzes.

45 — Table-bouillotte style Louis XVI acajou galerie cuivre.

46 — Petite glace style Louis XVI, cadre bois sculpté doré.

47 — Chaise longue en trois parties, bois sculpté et doré, dossier et siège foncés de canne, style Louis XVI.

48 — Fauteuil de style Louis XIV, bois sculpté et doré, garni au siège et au dossier de fine tapisserie d'Aubusson à décors de pavots.

49 — Fauteuil même style garni de tapisserie Aubusson, fond crème.

5o — Bergère à oreillettes de style Louis XV, bois sculpté et doré, garnie d'un faux coussin et recouverte de soierie crème.

51 — Marquise de style Louis XVI, bois naturel, sculpté, recouverte de soierie rose.

52 — Bergère de style Louis XVI, bois sculpté et doré, garnie de faux coussin et recouverte de velours de Gênes, crème et rouge.

53 — Bergère style Louis XV, bois doré, sculpté couverte faux coussin et soierie.

54 — Canapé style Louis XIV, bois sculpté et doré, recouvert de damas de soie anciens, fond vert.

55 — Fauteuil bois naturel sculpté à entrejambe, recouvert de tapisserie d'Aubusson, à décors de pavots, style Louis XV.

56 — Deux chaises bois doré, recouvertes de soierie Louis XVI.

57 — Chaise bois doré, dossier forme lyre.

58 — Siège X à dossier doré, recouvert velours Gènes.

59 — Paravent, style Louis XVI, six feuilles, ornements fleurs et camées. Cadre bois sculpté, doré.

6o — l'aravent style Louis XIV, quatre feuilles. ornements fleurs, médaillons têtes de femmes. Cadre bois sculpté et doré.

6ı — Grand lit hollandais à colonnes et balustres.

62-63 — Meubles et sièges divers.
Sera divisé.

BRONZES

64 — Importante garniture de cheminée, bronze doré et ciselé, composée d'une pendule à double cadran et de deux candélabres à sept lumières, décors grappes de fruits, fleurs et feuillages, style Louis XVI.

65 — Surtout de table bronze argenté comprenant une jardinière et plateau à glace, deux girandoles à sept lumières à décors rocailles, style Louis XV.

66 — Buste bronze argenté : l'Ondine, de M. Mo-
REAU.

67 — Cartel-applique bronze doré et ciselé à
décors de rinceaux, feuilles et feuillage avec
relief de femme allégorique, style Régence.

68 — Paire de girandoles, bronze doré et cristaux, style Louis XIV, équipées à l'électricité.

69 — Paire d'appliques bronze à décors de fruits
style Louis XV.

70 — Paire de chenets bronze doré et ciselé,
sujet fleurs et ornements, style Louis XIV.

71 — Paire de chenets, bronze doré, sujet chi-
nois, style Louis XV.

72 — Cartel style Louis XIV, bronze doré.

73 — Bronze : Cheval percheron, signé P.-J.
MÈNE.

74 — Bronze vert : Eléphant, signé A. BARYE.

75 — Lustre cristal de Venise, garni de fleurs
coloriées.

76 — Trois appliques à gaz, bronze ciselé et doré,

77 — Garniture de cheminée trois pièces : pendule et buires bronze et marbre rouge.

78 — Garniture de cheminée trois pièces, marbre blanc et bronze, pendule de Le Roy à Paris et deux coupes.

79 — Statuette bronze : Mercure, socle marbre.

80 — Grand groupe bronze, sujet de chasse au sanglier (François Ier).

FAIENCES, PORCELAINES
TERRES CUITES

81 — Vases, coupes, plats et assiettes, Chine et autres.

Sera divisé.

82 — VASSELOT. Femme à la rose. Terre cuite.

83 — VASSELOT. Buste de femme. Terre cuite.

OBJETS DE VITRINE

84 — Miniature ovale : Portrait du général de Charette.

85 — Miniature ovale : Portrait de femme. Cadre noir.

86 — Miniature ovale : Portrait de femme. Cadre en forme de montre.

87 — Montre or, boîtier émaillé noir.

88 — Miniature-broche : Portrait du général Macdonald dans un écrin.

89 — Miniature : Deux jeunes femmes jouant avec un oiseau. Cadre noir.

90 — Montre or Louis XV, boîtier sujet ciselé et boîtier sujet : La Parade.

91 — Boîte Louis XV agate, monture argent : Portrait de femme sur émail, cercle argent et jargons.

92 — Boîte ovale en pierre montée **or**, à décors rouge et vert.

93 — Boîte carrée cristal de roche à sujets d'Amours, monture or de couleurs.

94 — Éventail vernis Martin, sujet mythologique.

95 — Vase argent à anses têtes de guerriers avec couvercle, (initiales J. G.).

96 — Sac à main en perles, fermoir en argent.

97 — Miniature : Portrait de femme. Signé MAUPOIX.

98 — Miniature : Portrait de Marie-Antoinette. Signé BOURGEOIS.

99 — Ancienne boîte à couteaux en bois de placage, sur le dessus du couvercle et au centre, une étoile en marqueterie.

100 — Éventail vernis Martin.

TABLEAUX

101 — Pastel ovale.

Jeune femme cheveux poudrés, costume gris bleu, main gauche appuyée sur un vase, fond paysage.

Haut.: 1m15; Larg.: 0m25.

102 — Pastel.

Jeune femme en bouquetière, coiffée chapeau de paille orné de fleurs des champs, tenant un panier de fleurs au bras droit.
Cadre bois sculpté doré.

Haut.: 1 m.; Larg.: 0m80.

103 — Grisaille, genre Sauvage.

Comprenant sept figures: Amours symbolisant la Justice dictant les Lois.

Haut.: 2 m.; Larg.: 0m10.

104 — Grisaille.

Comprenant sept figures: Amours symbolisant les Arts et les Sciences.

Haut.: 2 m.; Larg.: 0m10.

105 — Pastel : Femme et enfant jouant à l'arc.

Cadre noir et or.

106 — Pastel ovale, d'après GREUZE : Jeune enfant.

107 — CARELLI. Salines de Trapani.

Vue sur l'Adriatique.
Dessin à la plume.

108 — FICHEL. Soubrette.

Dessin au crayon avec dédicace.

109 — DURAND. Vue du château de Saint-Germain. (Époque 1830).

Dessin rehaussé de gouache.

110 — Toile. Buveurs. D'après VELASQUEZ.

111 — Toile. Enfants fuyant devant l'orage.

112 — Panneaux d'après AUDRAN. Les Eléments.

Ornements, fleurs, attributs et figures.
Haut.: $2^{m}40$; Larg.: $0^{m}98$.

113 — Portrait d'après LARGILLIÈRE.

Jeune femme, cheveux poudrés, drapée de bleu et vieux rose. Fond paysage.
Haut. : $1^{m}46$; Larg.: $1^{m}15$.

114 — Portrait d'après Rigaud. Le Duc de Chaumes.

> En armure, main droite appuyée sur le bâton de commandement, casque posé sur élévation de terrain. Fond de bataille.
>
> Haut.: 1^m60; Larg. : 1^m25.

115 — Toile d'après Boucher. La Pêche.

> Trois amours au bord de l'eau.
>
> Haut. : 1^m; Larg.: 1^m30.

116 — Toile. La Chasse.

> Trois amours jouant avec un bouc.
>
> Haut. : 1^m; Larg.: 1^m30.

117 — JAMBON. Projet de décor.

> Aquarelle.

118 — ROUSSEAU. Paysage..

> Dessin au crayon.

119 — Deux gravures : Napoléon III et l'Impératrice Eugénie.

120 — Six gravures encadrées.

> Sera divisé.

TAPIS, TENTURES

121 — Grand tapis genre Smyrne.

122 — Grand tapis genre Smyrne.

$7^m \times 5^m$.

123 — Carpettes.
Sera divisé.

124 — Tapis moquette.
Sera divisé.

125 — Trois tapis d'Orient.
Sera divisé.

126 — Tapis ancien Firahan fond jaune avec médaillon et bordures polychromes.

$6^m 50 \times 4^m$.

127 — Etoffes et soieries anciennes.
Sera divisé.

128 — Rideaux de fenêtre soierie.
Sera divisé.

129 — Objets omis.

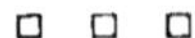

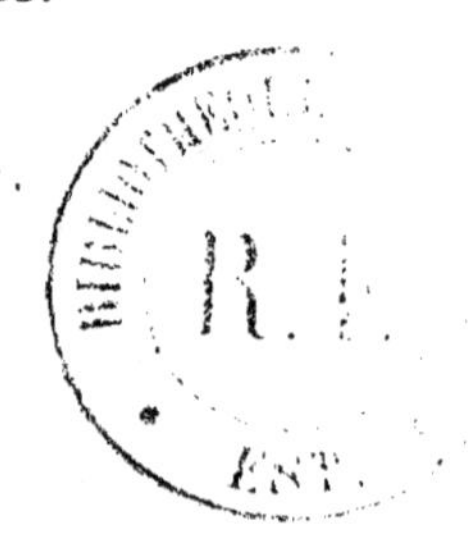